임의 뜨락

김명원 시집

세종문화사

시인의 말

늦은 만큼 서두르고 있지 않은지
보이는 것들의 움직임이 빠르다
아기 사과의 성장 과정이 시 한 편일까
바람이 떨어지는 시간은 짧아도
달빛 들창문 밖에서 짜인 허공의 선이
훤히 보이는 이유는 뭘까
얼마 남지 않은 길
끝이 보이는 것 같지만
지금의 넓이도 모르는 길에
선뜻 발 들여놓은 언어의 길은
얼마나 짙은 그림자일까
한 겹 한 겹 벗겨 내지만
안개 뒤에는 햇빛이 눈을 뜨게 할 것이다
남들에게는 쉽게 보이겠지만
생각만큼의 결과는 한참 모자란다
두 번째 시집으로는 엉킨 말들이기에
독자의 눈길과 박수를 기대해 본다

2025년 11월
김명원

차례

시인의 말 … 3

제1부 바람의 숨결

시룻번 … 10
바람의 숨결 … 11
한여름 그늘에서 … 12
함께 가는 길 1 … 14
무임승차 … 16
보이지 않는 길 … 18
발 없는 시간 … 19
달그림자 … 20
꽃잎으로 … 21
미소가 모여 웃음꽃 핀다 … 22
어울림 … 24
꽃잎 날리기 … 26

제2부 선 넘지 말라

선 넘지 마라 … 28
빈집과 공간 … 30
임의 뜨락 … 32
세월의 여정 … 34
아직도 그대는 … 36
달맞이꽃 … 38
친구야 고맙다 … 39
작은 뜰 … 40
이팝나무 아래 … 41
봄 탄생의 기도 … 42
영원 전부터 영원까지 … 44

제3부 산지기 소나무

위험한 세대 … 46
산지기 소나무 … 48
폭풍 전야 … 50
6·25의 산하 … 52
마니산 … 53
10월의 마지막 날 … 54
흔들리지 않는 꽃 … 55
바람이 바람에게 … 56
함께 가는 길 2 … 58
동작 현충원 … 59
뜰 안의 소란 … 60
지하철 … 62
공간 … 63
장마 … 64
가을 산책 … 65
들녘의 장관 … 66

제4부 은행나무 길

둘레길 … 68
구룡폭포 … 69
은행나무 길 … 70
꽃 무리 잔치 … 71
땅속의 작은 집들 … 72
주상절리에서 … 73
수덕사 … 74
시월 보름달 … 75
봄바람 … 76
샛강의 봄 … 77
푸르른 오월 … 78
운무의 아침 … 79
꽃바람 … 80
이슬비 … 81
하늬바람 … 82
허허로운 빈 들판 … 83
쏟아진 폭우 … 84

제5부 꽃 친구

보라매공원 … 86
민들레 … 88
원두막 … 89
백일홍 … 90
꽃 친구 … 92
부용화 … 93
찔레꽃 … 94
매미 … 95
빅토리아연꽃 … 96
여름꽃 … 97
보리수 … 98
모감주 나무 … 99
제인폭포 … 100
귀뚜라미 … 101
담장 너머 앵두꽃 … 102

〈해설〉
감각을 초월한 물질과 언어를
교환하는 시 쓰기 … 104

제1부
바람의 숨결

시룻번

밤하늘 비추는 조각달
뭉게구름과 붉은 고명 섞어서
반으로 접어 입을 맞춘다

눈썹 가느다란 둥근 길 따라
만들어 낸 오작교 가까이
숨소리 들려올 것 같은 날들
벌어진 틈 사이로 새날이 걸어온다

벽 허물고 함께
뜨거운 열정 속에서
숨 고르며 인내와 끈기로
하나가 되어 가는 삶의 여유라

굳어지지도 꺾이지도 않으며
그 길을 함께하는 걸음걸음
끝까지 틈 없이 가는 길이지

이몽룡의 약속은 어김없었고
춘향이의 기다림은 변함없어도
변학도 오욕은 채찍으로 끝났다

바람의 숨결

부부는 무촌 자식은 일 촌
내 것이라고 말할 수 없이
잠시 맡긴 삶인데
왜 욕심이 바빠질까
홀씨처럼 한 자락 뿌리내려
잎이 자라고 무성하더니
자꾸만 멀어져 가는 구름처럼
사랑이란 체온으로 품는 건
허상일까 꿈일까
잠시 잠깐 인연의 끝자락에
스쳐 가는 한 점 구름아
정녕 빈 껍질 같은 허수아비
마음을 훔치지도 못하고
세상에 다 내려놓고는
깊은 가슴 언저리에 묻어
바람의 숨결 스스로 잦아들기를

한여름 그늘에서

만났던 자리에서
등 돌려 손 놓던 날
온갖 추태를 부리며 원망한 세월

이제는 같은 색깔로 변한 채
무엇을 되찾으려 하고 있는지
왜 그 자리를 기억 속에 가둬 놓고
외로운 낮달로 바뀌기를 강요하는지

예약된 삶도 아닌데 삼십 년을 지켜 오며
꽃 피우듯 떠난 세월에 주문을 걸어
머리부터 발끝까지
하나하나를 잘라 내는 아픔을 새기는지

얼마나 흐느끼며 핏방울이 흐를까
너와의 희로애락 대화 속에 묻어 둔 채
긴 세월을 다 전당포에 맡기고
신발처럼 낡아져 가는 밑동도
이제는 사라져 가는구나

온갖 색깔 지우고 무엇을 되찾으려 하는지
환희의 날들이 새삼 새롭고 그립다

비둘기처럼 다정했던 한여름 그늘에서
매미의 합창과 새들의 아침 인사에
7월의 푸른 잎이 하늘 보고 웃는다

함께 가는 길 1

길은 혼자가 아닌
항상 누구와 함께 가야 한다

멀고 험한 길일수록
동행이 있다면 덜 힘들다
천 리 길도 한 걸음부터
철길을 닮아 나란히 간다

함께 가는 길은
대등하고 평등한 관계를
늘 유지해야 한다

토닥토닥 다투지 않고
한쪽으로 기울지 않게
높낮이를 따지지 말고 가라는 말

철길은 서로 닿지 못하는
거리를 유지하면서 간다
넘어지지 않으려고 서로 기대며
바라보면서 먼 길을 간다

둥글게 각도에 맞추어
커다랗게 원을 그리며
커브를 천천히 돌아가면서 간다

세상 사람들도
거리를 유지하면서 불평불만 없이
함께 이해하는 맛으로 나가면 어떨까

무임승차

조각난 꽃잎 한 장을
붙이지 못한 것처럼

삶도 금이 간다면
흔적 없이 사라지겠지

그토록 불러도
메아리만 되돌아오고

허공에서 맴도는 그림자
멀리 날아가려나

고깔처럼 웃고 울던
빈 가슴에 나는 없고

무엇으로 채우려고
허공만 좇는지

흘러간 기억 속에서
아롱거리는 그림자

어렴풋이 남는 흔적 찾아
무임승차한 인생길

꿈속에서 날려 보내고
또다시 해원으로 꿈을 꾼다

보이지 않는 길

보이지 않는 세계를 보고 싶어
웅크리고 기다리는 동안에

붉게 타오른 노을처럼
모두가 지나고 있는 긴 터널

고요 속에 잠긴 채 꿈을 꾸었는지
타다 남은 햇살에게 묻고 싶다

계절의 단전 소리 들리는데
어이해 저만치도 바라볼 수 없는지

너는 가는데 나는 가지 못하고
이승에서 만날 수 없는 우리는 누구

주변에서 맴돌면서 오늘 만나지 못하고
다른 세상으로 가야 한다니

산다는 것은 속을 헤쳐가기
보이지 않아도 그렇게 가는 거지

발 없는 시간

여명의 차가운 이슬비
냇물로 모였다가 강물로 흘러
바다가 된다

보이지 않는 시간에
술래잡기 인생의 아픔과 설움은
정처 없이 제자리에 머물고

구름 속에 낮달 되어
애달프게 한을 토해 낸 풍랑으로
맺힌 가슴을 친다

기다림의 마지막 잎새
시든 꽃의 맑은 영혼의 불씨
흐름은 새 터를 만들고

가는 세월의 깃에
새롭게 피워 낸 꽃송이
남아 있는 그리움 얹혀 꿈길로 간다

달그림자

풍랑 속 일그러진 그림자가 웃는다
높이 솟은 자작나무 톡톡 팅기며
하얗게 앙탈 부린다

숲 그늘 사이사이에서
달그림자가 무도회를 열고
천상의 비파 소리 맑은 가락에 맞춰

눈얼음 위에 어린 추억의 그림자
하늘로 굽이쳐 돌고 돌아
뜬구름처럼 흐른다

포말로 이글거리는 파도의 말소리
끝내 막을 길 없어
마음이 먼저 마중 나간다

나뭇가지 속에서 낮잠 자는 달그림자
남김없이 가슴에 쓸어 담는다

꽃잎으로

시작이 요란하다
잿빛 하늘 천둥번개 바람과 비
꽃잎들이 빙그르르 휘돌아 떨어진다

뚝섬유원지로 달리는 몸
수만 개의 빗방울들이 스치고
강물로 뛰어 들어가며 소리친다

바람에 지는 줄 모르고
휩쓸려 떨어지는 순간
절규가 아닌 춤추는 꽃잎들

자신을 있는 그대로 맡기고
의심 없이 흘러간 그곳은 어디일까
화사하고 장엄한 추억으로 기억될까

삶의 끝까지 꽃바람으로 춤추는
꽃잎으로 남고 싶나 보다

미소가 모여 웃음꽃 핀다

눈만 돌리면 꽃
나무가 모여 숲이 되고
미소가 모여 웃음꽃이 피고
기쁨이 모여 행복이 배가 된다

너와 내가 모여 우리가 되듯이
작은 것이 모여 큰 것이 되고
작은 것에서 큰 행복을 찾아
소중한 여유를 즐기고

병아리꽃 웃음 피우는 가족들이
가침박달꽃처럼 풍성하게 차려진
먹거리에 목멜까 봐
노랑 고로쇠 꽃물이
봄날의 하루를 짜내며 젊음을 불태운다

생명의 영혼들 엮어 마음껏 사랑하며
저마다 형형색색 아름드리 뽐내는 자태
청명한 날씨가 시샘하듯
나무들을 붙잡고 마구 흔들어댄다

다정하고 행복한 봄날
계절이 그렇게 웃음꽃으로 물들어 간다

어울림

한가로운 연못에서
물장구치는 청둥오리 한 쌍
수련 사이로 술래잡기한다

한낮 바위 위에서
느긋하게 휴식을 즐기는 거북이
여유만만 수영을 즐기는 물고기들
서로가 공유하며 즐긴다

새우깡을 던져 주는 아이들 앞에
쏜 화살처럼 모여든 갈매기들
햇살에 반짝이는 천진난만한
아이들 웃음소리에 모두가 밝은 모습

경쾌한 경음악 소리에 맞춰
벤치에서 즐기는 향긋한 커피 한 잔
장미꽃보다 친구의 이름이 정답고
더욱 귀한 시간을 즐긴다

오랜만에 만나 꽃구경
대화하며 간식까지
환하게 웃고 떠들며 보낸 시간

서로의 건강을 바라며
웃음으로 헤어진다

꽃잎 날리기

촉촉이 내리는 꽃비
발길은 꽃에서 피어나고

바람은 향기로
길을 열어 가며

쓰러지듯 구부려져
솟구치는 들꽃놀이

일어난 잔물결들이 모여
환희의 합창을 부른다

일렁거리며 달려온
꽃등 탄 꽃바람

떠밀리듯 말없이 떠난 자리
동그랗게 맺힌 사랑의 말

이슬비 털고
꽃잎을 날린다

제2부
선 넘지 마라

선 넘지 마라

가는 길이 옳다고 해도
골 파인 숫돌 앞에서는 걸음 멈춰라
서슬 퍼런 낫날이 바람을 벤다
새벽닭 울음에 맞춰
이슬방울 흘리며 세운 낫
섬돌 위에 나란히 놓이고
별빛에 젖어 빛나는 서슬
어둠을 끌어 해를 부른다
길쭉하고 두꺼운 숫돌
아버지 손에 잡힌 낫날에 부대껴
골 파이고 휘어진 자리에
들판 까막까치 목청 틀어박혀
쓱싹거리는 소리 고샅에 퍼져 가면
작대기는 알아서 지게를 세우고
외양간 누렁이는 여물통을 찾았다
안개 덮인 들판 길이 열려
논두렁이 훤하게 드러나면
낫 챙겨 나가시는 아버지 등에
세월이 그림자 얹혀 연기를 뿜는다

낱낱이 세운 선 넘지 마라
금줄 치지 않아도
지킬 건 반드시 지켜
옳은 길을 가라
선 넘는 순간 삶은 어긋장 난다

빈집과 공간

할 말을 잃어 웃고 말았다
좁쌀 같은 꽃을 피우는 보랏빛 익모초
강아지풀과 갖가지 색깔의 풀꽃이
예쁘게 무리 지어 있는 빈집
빨강색 주렁주렁한 사과나무 옆
감나무 모과나무는 아직도 푸르뎅뎅
가시박 덩굴과 환삼덩굴이
하늘 높은 줄 모르고 감아 올라가고 있다
고샅 바람 따라왔는지
가냘픈 코스모스 한 송이 핑크빛 웃음
금방이라도 꺾일 듯 흔들리는데
무리 중 홀로라서 자라지 못했을까
느긋하게 주인 행세 하는 고양이
뼈만 남은 평상에서 동공만 굴린다
해마다 길목에 칸나를 심으시며
나도 꽃처럼 예쁘고 젊을 때도 있었다는
어머니 말씀 머리에 스치는데
대여섯 마리 참새들이 앞장서서
그 옛날 동심의 날들이 눈을 뜬다

배웅하듯 요란을 떨며 얼굴을 마주하던
친구들이라서 너무 반가웠나
따듯하고 포근한 하루 안고 돌아선 길에
서성거리는 낮달 그림자가 그저 희미하다

임의 뜨락

온갖 수목이 우거진 그대 뜨락엔
그윽한 햇살 향기 날리지요

붉게 타오른 사랑님의 가슴엔
몇 개의 계절이 숨겨 있을까요

아침마다 새로운 언어로
그대 이름을 부르고

부를 때마다 임의 향기는
자취 없이 칸칸이 쌓여 가는데

풀리지 않는 수수께끼는
무엇을 의미하는 것입니까

몰래 찾아온 바람 아무도 모르게
일어나 안으로 치닫더니

벌 나비처럼 살지 못하고
끝내 소리 없는 이슬비에

햇살로 녹아내린 시간 속으로
흠모하는 마음으로 이룩합니다

세월의 여정

세월의 바닷가로 바람을 물고 온 당신
파도 위에 꽃을 피우듯
정답게 걷는 추억의 길에서
우리는 다시 만났다

무한한 길 위에서 완전한 삶을 찾아
헤매던 수 없는 기억과
추억들이 가슴으로 되돌아오고

굴곡진 세월의 길을 돌고 돌아
각자의 시간에서
막힘없는 길을 열어 따스한 손 맞잡고
처음으로 돌아가는 길목에 서 있다

지난날 형형했던 눈빛도 이제는
세월에 잠긴 채
젊음의 날들을 되새김질하면서
진정한 삶의 여정을 빼앗아

사시사철 맑은 주목 향기처럼
늘 그 자리에서 나목이 되어 주는 토담
정열적인 모습이 무척 아름답다

깊이 간직한 애달픔
당신과 나의 애틋함으로
두근대던 젊은 날의 어제와 오늘이 되어
매일 새로운 날을 맞이하는
그런 세상으로 가기를 간절히 원한다

아직도 그대는

무서리 내리는 차가운 날씨
햇살 따라 봄날 같다는 생각에
커피잔을 들고 뜰로 나갔다

멀리 바라보이는 바닷가 물안개
희미하게 보이는 뾰족한 산과
들녘에 떠돌아다니는 안개만 보인다

화단에 만개한 갖가지 국화에
꿀벌이 꽃술에서 이리저리 옮겨 다니며
아직도 그대는 내 사랑이라 속삭인다

사랑 잡기에 여념이 없는지
핑크빛 꽃에 머리를 박고
떠날 줄 모르고 날갯짓만 한다

드문드문 장미도 향연에 빠져
피지 못한 봉오리 속에서
벌들도 잔치 멈추지 않는 아침이다

거피 한 모금에 고스란히 담긴
먼 훗날까지 그대는 내 사랑
깊은 속셈 저절로 흥얼거린다

달맞이꽃

부모님 찾아뵙고 가는 산길에
달맞이꽃 함초롬히 피었다
자신만의 시계를 맞추었나
밤이 되면 한 잎씩 피었다가
해가 뜨면 오므라드는 수줍음
눈부신 태양을 향한 반항일까
밤엔 누가 친구 되어 줄지
얼마나 많은 무도회에 지쳐
달빛 별빛에 이야기꽃 피우는지
곁눈만 주나 묻고 싶지만
무릎 다리 아파하신 아버지께서
높은 곳에서 뿌려 놓으셨나
뿌리부터 꽃잎까지
약용으로 다 쓰이고도 예쁘니
더욱 그리워지는 옛 조상 같아
꽃잎마다 얹혀 애처롭다

친구야 고맙다

설한 뚫고 파릇파릇 하늘을 향해
싱글벙글 솟구쳐 나온 앙증맞은 시금치
나풀거리는 파란 잎

양평 친구가 전해 오는 한마디
서울 촌놈들 오면 뭘 줄까 고민인데
시금치 두 고랑이면 충분하겠지

모진 풍파 마다하지 않고
두텁고 튼실하게 맺은 인연
햇살에 짙푸른 물결 일렁이듯
열 겹에 묶인 우정

봄 색시로 찾아오는 길목에
험난한 바람결이 날카롭다 하지만
백설 속에 핀 새 생명처럼 빛난다

인생의 향기 멋지게 품은 친구를 불러
식탁이 풍요롭다
내 친구 영순아, 정말 고맙다

작은 뜰

아침 햇살 고이는 쉼터
조석으로 화초에 뿌리는 물

한 오라기 바람
스스럼없이 멎어

진주 같은 눈물
밤새워 어둠을 삭혀 놓았다

군자란을 시작으로
붉게 터진 꽃잎 피고 지고

일 년 삼백육십오일
영롱한 빛깔로 계절을 창출하며

세월을 먹고 피는 꽃
보석 같은 나의 작은 뜰 벌판에

이팝나무 아래

숭어리진 여린 꽃잎
우수수 떨어지며

속삭이듯
서로의 얼굴을 마주 보며 생긋
톡톡 튀기는 팝콘
바람 따라 쏟아져 쌓여 간다

하얀 융단 길 걸으며
추억의 설렘에 콩닥거리는 가슴
수십 년 전 웨딩 걸음 걸으며 듣던
한숨 섞인 두근거림

무거운 걸음에 손 떨림
아버지
수십 년의 시간이 흘러갔는데
한 번씩 되돌아보게 하는
이팝나무꽃
오늘도 하루의 선물이다

봄 탄생의 기도

잠들었던 대지가
꿈틀거리고
영혼의 새 생명 싹튼다

풍요로운 가을 헤어짐은
손 놓친 사랑으로
공허했던 겨울을 채우고

그날의 사랑만이
내 안에 가득 채워져
이 봄에 부여된 삶의 이유
내 노래같이 존재를 깨운다

당신의 품 안에서는
모든 것이 풍요롭다
내어주신 행복은 언제나
나 하나만을 위하여
성스럽고 고귀하다

끝없이 다가오는 은혜
행복한 삶인 까닭에
계절이 바뀌고
또다시 풍성한 열매는
오직 십자가 사랑이란 것을

생의 마지막까지 이름 부를
내 입술의 찬양과 기도로
변함없는 당신의 사랑이기를

영원 전부터 영원까지

그 많은 아픔과 고통을 당하시어
형언할 수 없는 세월 속에서도
땀방울이 핏방울이 될 때까지
기도 또 기도하시고
뜻대로 삶을 만들고
아버지 원대로 이루시기를
간곡히 기도하시고
배신한 제자들까지도 용서하시고
십자가에 못 박힌 사람들까지도
불쌍히 여겨 용서하신 예수님
구원역사 이루시기를
간절히 소망하시며
늘 기억하겠다 하시고
부활로 다시 사신 주님
십자가 사랑과 부활의 소망을
우리 모두에
믿음 전부터 영원까지 함께하시기를……

제3부
산지기 소나무

위험한 세대

사람들은 왜
흰 것은 희다고 검은 것은 검다고
말을 제대로 못 할까
자고 나면 어느 것이 진짜고 가짜인지

정치인들은 목소리는 높이면서
거짓말 정치를 하는 사람인 것을
세 살 먹은 어린아이들도 아는 것을
진실이라고 말하면 추궁하고 당하고
반복된 생활에 무엇을 배우고 후대에게 남기나

요즈음은 초등학교에서도
뇌물을 쓴다는 말이 있다
어렴풋한 예측에서 시작하고
실제 정보를 반영하는 세상이 얄밉다

우선 던져 보고
때에 따라 변명을 한다는 말도 있다
일상생활을 영위하는 데
필요한 만큼의 의식을 가지고
정의롭게 살면 안 되나
지성적이고 생각이 풍부한 그런 세상
속과 겉이 똑같고 정도의 길을 가면 좋겠다

세상의 눈에 보이는 것은 잔물결에 불과하다
하지만 보이지 않는 존재가 훨씬 더 깊고
큰 대륙을 이루어 가기도 한다
세상이 변하듯 함께 만들어 가는
그런 아름다운 세상을 꿈꾸어 본다

산지기 소나무

솔바람 향긋하게 묻어나고
산새 소리 시냇물 소리
바람에 나뭇잎 휘날리는
신비로움으로 가득한 산야

푸른 삶을 꿈꾸는 숲의 요정처럼
새 부리 닮은 작은 잎이 만들어 가는
짙푸름 더할 나위 없는 소나무

푸른 이끼가 몸뚱이를 감싸도
묵묵히 제자리를 지키는 푸름으로
산등성이를 가꾸는 아름드리나무

바람 불면 나뭇잎 나부끼며
술렁이는 소리로 새를 부르고
모진 바람에 울다, 울다가
흔들리다 꺾이고
땅바닥에 나뒹굴고 만다

특별히 돌봄 없이 잘 자란 나무는
대목으로 쓰고
못난 나무는 산을 지킨다고
나무와 대화하며 웃다가
맑고 시원한 향기에 또 웃는다

편함을 주는 친구 같은 느낌으로
걸음을 이끌어 향기 나는 음성 들으며
저무는 계절을 뚫고 달린다

폭풍 전야

둥근 달이 등 뒤로 높이 떠오른다
서로가 서로를 정중히 받들지 못해서다

두레박으로 퍼 올리듯 허공에서
누구인가 만들어 내는 말과 행동들이 많다

을사년을 만들어 가는지 모르지만
폭풍 전야 은박담요
서로 남 탓만 하는 법치주의자들을 위해서
아스팔트 지지자들은 은박담요를 두르고
도로에서 밤을 지새운 시민들 머리에
하얀 꽃 이불 덮어 준다

등신불 같은 눈사람들
아수라장이 된 한남산성 앞
과연 누구를 위하여 종을 울리나
막연히 구름 위에서 살고 있는 건 아닌지
반문하고 싶다

정의를 짓밟는 자들을 단죄하지 못하는
이유도 크지만
머무는 곳마다 후유증들을 알게 된다면
아픔도 클 것이다

법과 질서가
제자리를 벗어나지 않으면 좋으련만
한 발짝씩 서로가 물러나면 어떠할지

6·25의 산하

고요한 새벽 북한의 남침
1,129일 3년이란 시간 속에서
생사를 넘나든 악몽 같은 시간들
다시는 말하고 싶지 않은데
허리가 동강 나 철조망이 가로막았다
온몸으로 나라를 지켜 낸 학도병들은
높은 숲과 깊은 골 적막한 산하
눈 내리는 전선 피 끓는 젊음으로 땅을 녹였다
백번 오르내리던 백마고지 피 끓는 젊음 숨겨 간 그 자리에
말없이 민족의 아픔과 한을 풀어내고
묵묵히 산하를 지켜보는데
남침을 북침으로 가르쳐 친구끼리 싸우고
가족의 칼부림까지 일어나는가
후대가 제대로 알아야
나라가 서고 역사의 기록이 바로 서는 것
국가와 민족의 소중함을 잃은 세상
언제 동강 난 허리가 하나가 되어
백두에서 한라까지 손에 손 맞잡고
한목소리로 통일을 외치는 그날이 올 건가
살기 좋은 대한민국으로 세워 놓은
선열들 볼 면목 없어 한숨만 쉰다

마니산

민족의 염원이 살아 숨 쉬는 마니산
산세 수려함 속에
삼랑성 역사 문학 축제 시화 전시
작품을 살피며
가을빛 곱게 물들어 가는 숨결에
바람처럼 스며드는 걸음
한 조각 구름 흘러가듯
가볍게 1,004계단을 올라
위에서 내려다보니
쏟아지는 청량한 피톤치드와
눈앞에 펼쳐진 갖가지 수목에
산새들이 고운 입술로 부르는 노래
나뭇잎 위로 떠오른 낮달이
따라 부르는 듯 쫓아간다

10월의 마지막 날

비엔나의 밤거리
낙엽과 함께 각 나라 인파 속에서
이슬비 내리는 골목
수백 년의 운치가 흐르는 조각상
고풍스러운 건축양식 사이를 걷는다
야경 속에 춤추는 거리
흥겨운 악사들의 멜로디 성당의 종소리
헝가리와 오스트리아 가까이 있어
노랑인지 붉은색인지 분간이 안 된다
헝가리 다뉴브강 물줄기 따라
크리스마스트리를 마주하고
오스트리아 비엔나까지 이어진다
유명한 화가 크리티 그림이 제일이고
비엔나에서는 키스를 모르면
다녀왔다고 말하지 말란다
인간미 흐르는 박물관 이해 부족으로 잘 모르지만
비엔나 밤은 비 내리고
거리 악사들은 기타와 바이올린 연주로
적막을 깨뜨린다
캐럴에 섞여 아리랑도 흘러나온다
불빛 깔린 비 내리는 거리에서 하루의 발길을 돌린다

흔들리지 않는 꽃

한 줌 흙에
밀알로 녹아내린 생명의 뿌리
연한 가지로 뻗어

꽃 피고 맺어진 고귀한 열매는
모진 폭풍우에도 거뜬히 견뎠으리

아픔과 슬픈 절망 속에서도
엮어 내는 숭고한 정신

흩어져도 하나 되어
쓰러지고 뒤틀린 고난을 희망으로

꿈을 걸어 놓고
무성하게 뻗어 가는 한강의 기적을

흔들리지 않는 미래의 꽃으로
아름답게 피워 보자

바람이 바람에게

검은 구름이 나뭇가지에 올라앉는다
따라가던 심술꾸러기 바람은
자유자재로 앞뒷집 구석구석을
홀라당 뒤집어 놓는다

지붕 난간에 박치기하며
환풍기가 도망가고
간장 된장 항아리 뚜껑이 와장창
그만 박살이 나고 말았다

바람은 곁에서 바라보며 말한다
어젯밤에도 모두를
홀라당 벗겨 수치스럽게 하더니
이제는 힘없이 한풀 꺾여
멀리 내쫓긴다고

자기도 할 말이 있다고
가만히 있는데 무지막지로 달려든
뒤바람을 막을 수가 없었다고

다시 봄이 오면
살랑바람이 날아와서
꽃으로 매달리고
바람꽃으로 속삭여 줄 거라고

친구로 만나며
마구 때리며 패대기쳐도
너와 나는 한 몸인걸
꽃 피우고 마주하며 추억을 남기자

함께 가는 길 2

여름 옥수수밭으로 떨어진 빗방울
호박잎에 떨어진 순간
댕그랑 풀잎으로 굴러 넘친다

보랏빛 가지가 반짝반짝 빛을 내면서
매끈하고 멋진 나는 이웃사촌
우리야 세월 더불어 가자고 한다

자기들은 눈길 한번 안 주어도
연합하여 잘 헤쳐 나가니
어떤 고난과 역경도
능히 이기며 단단히 뭉쳐 있다고

이리저리 굴러다니는 방울토마토에게
부끄럼을 알라며 돌기 세운 잡초들이 속삭인다

청개구리는 누가 감히 내 터전을
감 놔라 배 놔라 하느냐고
둥근 눈망울 크게 돌리더니
남새밭을 뛰어다니며
개구리 전용 운동장 만들자고 야단이다

동작 현충원

아침 햇살을 풀어헤쳐 놓은 듯
황금빛 노을이 물가에 길을 연다

변덕스럽던 봄볕에 흐드러진 벚꽃 향연
춤추게 만들던 햇살도 멍때리고

바위 위 왜가리는 가부좌하고 고독을 즐기는 듯
한 시간 남짓 자리를 지킨다

가던 걸음 멈추고 한 마디씩 던진다
어머 무슨 새야, 먹이를 찾나 봐
무슨 사연인지 물어보고 싶다

바람과 햇살에게 대화를 할까
행여 오실 그를 기다릴까
아니면 푸른 하늘을 비행하려고
멋진 날개를 펼치려 몸단장할까

상춘객들의 웃음소리에 홀연히 솟구쳐
창공을 날아오르다 현충문 지붕에 내려앉아
참배객인지 유람객인지 묻는다

뜰 안의 소란

단단한 꽃술에 입술 깨문 채
아침 이슬에 젖은 장미
탐스럽고 아름다운 붉은 눈물이어라

살짝 고개 숙인 달리아
빨강 꽃잎이 장미의 날 선 가시에
눈이 시리다 투정한다

거꾸로 매달리는 박쥐나무가
쥐 죽은 듯이 하라는 호통에
작약도 얼굴을 키우며 한몫한다

아무리 큰소리쳐 봐도
나만큼 잘나가고 이색적이고 탐스럽고
청순한 꽃이 있다면 나와 보란다

너도나도 모양은 같아도
피고 지고 가는 방향은 다르다고
서로가 지르는 큰소리

듣다 듣다가 못해서
아주 작은 토끼풀이 말한다
너희들 내가 단번에 점령할 수 있어

그땐 아무도 꽃을 피우지 못하지
작은 꽃이라고 무시하지 마
옹기종기 모여서 단합하면 무서울걸

지하철

정확한 시간을 맞추어
지하철역으로 나간다
갈아타는 곳까지 운동도 된다
승하차 번호 앞에 서서 기다리면
어김없이 제자리에 문이 열리고 닫힌다
모두 나란히 고개를 숙이고
약속이나 한 듯 졸고 있거나
카톡을 주고받으며 기도한다
돈이 많든 적든 지위가 높든 낮든
모두가 평등한 지하철
누구라도 데려다주며
원하는 곳마다
정확한 시간에 맞춰 정한 자리에 도착한다
콩나물시루처럼 꼼짝 못 할 때도 있지만
비가 오나 눈이 오나 한결같은 지하철
누구나 편리하고 공평하여
약속의 왕, 대중교통의 꽃이다
임산부석 노약자석 지하철이 편리한
참 좋은 나라 대한민국이다
지하철역을 빠져나온다
정확한 시간을 맞추고

공간

채워도 채워지지 않는 바람과 숲의 숨결
어디선가 들려오는 휘파람 소리에
꽃잎에 맺힌 은이슬이 뚝 떨어지고

실하게 뿌리 내린 붓꽃에
먹물 대신 청아한 아침이슬 적셔
스케치하듯 넓은 초원을
한 점 구름 조각으로 만들어
흘러가는 물결로 다듬어 놓으니

달밤에 노닐던 사슴과 고라니
춤추는 그림자 푸름 짙은
오월의 꽃잎에 냉큼 올라앉는다

붉게 달아오른
수만 개의 불 지펴 놓은 꽃밭에서
하염없이 날려 보낸 꽃잎들

오동통한 보랏빛 사연 엿보다
하늘다리 위를 바라보면
자연은 말없이 모두 품어 주고 있다

장마

진종일 쏟아지는 빗소리
한 자락 감성을 머금고
하루의 일상을 따라간다

손때 묻은 책갈피
한 장씩 넘기며
골목길 따라 흠뻑 젖어
서성거리는 그림자 없는 모습

창밖을 향하여
속삭이는 그리움으로 맴돌고
수만 개의 빗줄기

춤추는 그림자 속으로
흐느낌으로 떠나보내는 추억
젖은 여름이 뜨겁다

가을 산책

기고만장했던 여름
결국 가을에게 자리를 넘겨준다

파릇파릇 풀 밟으며 걷는 봄놀이보다
서늘한 길은 상쾌하고

고즈넉하게 피어나는 신작로
코스모스와 풀꽃 비단풀과 함께
성큼성큼 걷는 게 좋다

하늘 높이 유영하는 고추잠자리
바람 따라 춤추는 보랏빛 맥문동
꿈같은 생동감 안겨 주는 넓은 황금 들녘

시원한 샘물 같은 신선함이
살아 있다는 걸 확인해 준다

들판을 외로이 걷던 백로
춤을 추는지 내 발걸음에 놀랐는지
우연한 발길에 쫓겨
펼친 날개 들녘을 덮는다

들녘의 장관

산에는 쑥국새 구슬프게 울어대고
파란 물결 춤을 추는 들녘
창공을 밀고 온 바람 맞으며
백로 한 쌍 논을 매는지 먹이를 찾는지
긴 부리 휘젓다가 한 번씩 마주 보며
서로 비비고 머리를 좌우로 흔들다 성큼성큼
긴 다리로 걷다가
논두렁 박차고 날아간다
자리 찾아오는 청둥오리 가볍게 내린다
노랑나비가 앞장서서 멀어지고
배불뚝이 개구리 울음
파란 풀잎에 스며들어 가는 논둑 먹이 찾는 사마귀
눈알 번득이며 풀숲을 헤쳐 가고
호기심 많은 아이들 동동거리며 치는 박수
들녘 햇살과 바람에 어울려
농촌을 풍요롭게 가득 채운다

제4부
은행나무 길

둘레길

춘향골 앞에서
옥정호 붕어섬으로 달린다

동계 쪽 들녘이 물난리와 무더위에도
벌써 누렇게 고개 숙인 벼가 정말 고마워진다

갖가지 색깔 따라 한가로운 오솔길
강렬해진 태양은 열정을 품고
붕어섬과 옥정호를 초록으로 색칠하며
나무들의 다른 모습에 빠져든다

잔잔한 물결에 세상 때 다 버리고
화려한 수국에 백일홍 간지러운 윙크로
임실의 자랑 운치 있는 숲길을 돈다

푸른빛 호수에서 산비탈까지 잇는
은빛 긴 출렁다리는 아슬아슬 짜릿하다

한 조각 낮달에 걸려 가슴 뛰게 하는
옥정호수와 붕어섬
한 아름 물결 싣고 계절의 문턱을 넘는다

구룡폭포

갈색빛 그리움이
불현듯 달려간다
차창에 비추는 그 모습에
미소를 지어 손 흔든다
맘 가는 대로 삭이지 못한 것들
훌훌 던져 버리려
구름 뚫고 올라가는 추억
청명한 하늘 오색찬란하게 비추는 햇살
쪽빛 위에 춤추는 그림자
백설이 찾아든 골짜기
철 따라 갈아입은 옷
홀로 지는 석양빛 속에
비단 빛 구룡폭포는
오색 빛 지우고
붉은 눈물 흘리며 바위를 뚫어
하늘 밑자리 만든다

은행나무 길

아산 곡교천 변 오래된 은행나무 길
황금색 양탄자 깔아 놓고
길손을 초대한다

냇가 왜가리 떼와 물고기들
청둥오리와 무리 지어
물장구치며 놀고 있는 물 운동장

너도나도 뛰고 걷고
노랑 이파리 팔랑거리는 언덕에서
환하게 웃는 시원한 거리

걸음마다 넘치는 즐거움
웃음 진 얼굴에 깃든 넉넉한 행복을
노란 은행 단풍이 만들어 준다

꽃 무리 잔치

아카시아꽃 활짝 피어 반겨 주는 산길
심심산골 도라지 환영하듯이
고개를 도리도리한다
들에는 갖가지 빛깔로 미소 짓는 장미
가로수 길 포플러나무 아래
코스모스 대신 노란 금계국 하늘거리고
고개 내민 복분자 가시 돋친 잎 사이
벌 부르는 꽃들의 환희
산에 들에 꽃 잔치하는 발길에
바람도 친구 하자 다가온다
뻐꾹새는 뻐뻐 뻐꾹
무슨 사연이 저리 많은지
꽃 피고 새 우는 고향 떠난 친구들
찾아오라는 말일까
손짓하는 바람만 꽃구름 헤쳐 가며
장난치듯 이리저리 봄을 색칠한다

땅속의 작은 집들

가끔 지방에 가면
햇살도 쏘이고 멍때리기 위해서
잡풀을 매는데 처음과 다르게 무디어졌다

동강이 난 지렁이에도 놀라 나도 모르게 소리치며
그래 너도 살아야지 하고 묻어 주고

작은 벌레 이름도 몰라 너는 누구냐, 묻지만
찡그린 생김새에 먼저 웃곤 한다

도망가려다 개미집을 허물어뜨렸다
쏟아져 나온 개미 떼거리로 흩어지고

청개구리 울음 먹고
풀잎 사이에서 달팽이가 같이 살고
이 많은 벌레가 어디 있었나 싶다

굼벵이에 놀라고 개미 떼에 놀라도
갖가지 곤충들을 보면
자연에 들어 땅을 떠나고 싶지 않다

주상절리에서

초록이 토해 낸 푸른 파도가
넘실넘실 춤추며 마중 나온다

구부러진 고개마다 쉬어 가라고
엎드려 하늘거리는 풀잎 속에서
작은 미소로 반기는 푸른빛 구멍마다
비파 소리로 흥을 돋운다

열두 줄 가야금 소리
한이 많아서 한탄강이라 부르나

출렁다리 출렁거리는데 움찔대는 걸음은
뜀틀을 밟는 듯 오금을 시리게 한다

청량음료 공기를 마음껏 마셔도
어느 누구도 욕심부리지 말라 하는 이 없고
찌든 뼛속까지 다 비워 낸다

청순한 아이들 해맑은 웃음으로
모두가 행복하고 다정한 하루
주상절리 장관이 하늘빛 그림자다

수덕사

얼마나 긴 여정인가
인적도 드문 첩첩 산길

산길 따라 백 리 길
지금은 차가 문 앞까지 길이 편하다
덕숭산 중턱에 자리 잡아
아름다운 사찰로 고색창연하며
사람들이 참배하는 수덕사
하나하나 돌아보며 '수덕사의 여승' 노래가
얼마나 애처로운가 알 수 있다

외로운 산골짝에 장엄하게 늘어진 건물을 돌아가는
적막한 삶의 여정
많은 인파가 웃고 떠드는 소란 속에서
경건의 하루가 흘러가고
여생 조용히 내려놓으려 아가 곳
장작불 태우듯 삶의 무소불위
움직일 때까지 도우며 아름다운
여정의 길을 기도로 닦고 끝까지
희생으로 마감하는 곳
부처 가르침의 도량 수덕사

시월 보름달

시냇물에 젖은 달빛
수양버들 나부낀다

비 갠 뒤에 맑은 바람과
달빛을 어떻게 할까
참하고 진실된 아름다움

신선한 가락과 함께
환희의 깨끗한 청풍명월
수많은 유성들 쏟아지는
청명한 하늘가에 떠도는 흰 구름

싸늘한 가을밤
당신의 시간 속에 머물던
아름답던 기억들이
새록새록 되돌아 나온다

봄바람

봄바람에 영롱한 홍엽의 유희가 아름답다
알록달록 붉은병꽃
햇살 닮은 발걸음 따라 흩어진 공간에
푸른 잎은 오월의 정취를 그려 낸다

꽃들은 하나둘씩 사라져 가고
계절의 잉태로 아름답게 그려져
화폭을 채우며 순리대로 사는 것인데
싱그러운 계절에 뭔가 이뤄 놓을 수 있는
봄날이기를 꿈꾼다
하루가 짧은 시간 봄꽃으로 피어나는
터지듯 부풀어 오른다

매운 고추나무 화끈하게 달아오르고
복슬복슬 털살구꽃 입맞춤에 배시시 미스 김
라일락 향기가 웃는다

슬슬 풀리듯 마가목 버릴 것이 없는데
만병초는 최고의 봄날 선물
진한 탱자 꽃바람이 온 동네를 휩쓸어 놓으니
덜꿩나무가 덜꿩 붙들어 꽃잎 위에 놓는다

샛강의 봄

버드나무의 곱고 여린 연둣빛 잎
머리카락 헤쳐 놓은 듯
초록의 쉼터가 된다

시민들의 봉사로 수고하여
자연을 그대로 만끽하며 산책한다
꾸미지 않은 듯 그대로
하지만 아름다움을 갖춘 공원

수수한 자연으로 가꿔
갖가지 새들의 둥지도 보이고
짹짹거리는 새끼들 어리광도
길을 가며 들을 수 있다

생태공원으로 자리한 한강 변
자연의 신비함과 함께 어울려
식물과 사람이 아름답게 조화를 이룬다

푸르른 오월

봄이라는 이름이
또 다른 이름을 준다

우리에게 더 가까이 다가서서
넉넉히 감싸안으며
하늘빛 아래 삶의 희망을 바라보는
신록의 계절 오월

한층 더 푸름을 알차게 하는
행복한 오월을 기대한다

누군가 행복을 원하겠지
새로운 추억으로 라벤더 향기 풍기듯

제철 맞은 라일락 작은 나무에서
싱글벙글 변함없는 민들레
두둥실 실바람 따라가고

예쁜 땅꼬마 꽃잔디도 길 따라
행복의 문을 열어 준다

운무의 아침

아침 운무가 이 땅을 지배했다
부활의 영광을 아는지 모르지
그림자만 아롱거린다
실금으로 내린 햇살로 얼굴을 내밀며
어제의 비바람도 하얀 꽃비의 향연으로
연두색 새싹에 밀려 저만큼
기억에서 멀어져 간다
기억 뒤편으로 사라짐이 못내 아쉬워
파란 물결 춤추는 안무가 시작된다
맑고 청순한 동백꽃들에 가려서
이름 모른 앙증맞은 작은 이스라지꽃이
질투 많은 노랑 금붓꽃에 지쳐
방긋 웃음으로 맞이한다
화장기 없는 분홍 꽃
여인의 향기에 끌려 진화한 꽃
살짝 입맞춤에 취해 향기가 짙다

꽃바람

장미꽃 따라 부는 바람
미소 짓는 꽃바람
파랑 입술에 향기 담아

빨강 노랑 파랑 핑크빛
꽃의 향연에 취해
눈 뜨고 풍덩 빠져 버렸네요

스물세 잎 하나하나에
못다 한 사연들 새겨 놓고
발길 묶어 버렸어요

사랑스러운 실눈으로
먼 하늘 바라보며 시침 떼고
행여나 꽃바람에 젖어요

이슬비

오늘처럼 촉촉이 꽃비가 내리면
발길은 꽃으로 피어나고

바람은 향기로 길을 열어 가고
쓰러지듯 구부러졌던 풀들이 솟구친다

잔물결들이 모여 부르는
환희의 합창

일렁거리며 바람이
달려올 것 같아 바라보니

이슬비는 낙엽의 등에 얹혀
떠밀리듯 눈물로 떠난다

하늬바람

바람결 들락거리는 조각난 거리에
세찬 소낙비와 천둥번개 아우성이다

누가 떠나는 흐느낌인가
안개 속 그림자로 남은 미련
세상만사 모두 내려놓으라는
함성이 빗발친다

풍악 실사 울려
회오리바람 잠재우려는 듯
나풀나풀 초연한 계절의 활기
맑고 청명한 하늘을 열고

하얀 뭉게구름 따라
꽃 피듯 일어나는 환상의 그림
꽃마차 타고 창공을 난다

허허로운 빈 들판

얼마 전까지도 황금빛 벼들이 넘실거렸는데
이제는 하얀 백로들이 활개 치고
파란 새싹들이 나와서 주인 행세다
주인이 바뀌자 기러기들은
찌르르 울며 그대로 가나 했는데
브이 자로 무리 지어 가다 다시 두 갈래로
유유히 날아간다
어디로 가서 만나자 약속했나
씀바귀 들국화는 갈대 사이에서
풀벌레와 노래 부르며 춤을 추고
여치, 사마귀 검은색으로 물들이고
강아지 꽃술에 앉아서 눈만 굴리다
나그네 발길에 놀란 듯 머리 돌린다
냇가의 낚시꾼과 말조개 줍는 사람들
농약을 안 쳐서 뱀이 많다고들 한다
논둑의 서리태 만삭이다 주렁주렁
정말 청명한 하늘이 높아 간다

쏟아진 폭우

금방이라도 무너질 듯
물 폭탄 쏟던 하늘
텅 빈 공간으로 물장구치며
크고 작은 리듬으로
쏴아- 쏴아- 졸졸
계곡을 만들며
너도나도 함께 가자고
무너뜨리고 우물물을 붓고
망설임 없이
흙탕물을 만들어 버린다
한 점도 허용치 않던 폭우
누구를 원망하듯
세상을 한탄하듯
실컷 퍼부은 후에야
땅의 모든 것을 헤친 뒤
후회되는지 한숨 돌린다
그저 흐르는 물이
물을 물끄러미 바라본다

제5부
꽃 친구

보라매공원

연못가 발길 옮기다가 눈에 띈 팻말
산란하러 나온 거북이를 보호하라는
글을 본 순간
발 앞에서 꼼지락거리는 물체
어린아이 주먹만 한 거북이다

그대로 넘어질 뻔했다
몇 번을 되새겨 보며 웃음이 났다
처음 길이었다면
와장창 빗나갈 뻔도 한데
참 다행이다

노을 한 점 찾아가는 길에
방지턱마저 감수하며
힘들게 온몸을 다해 오른다

뒹굴고 다시 오르고 힘겨운 사투에도
천천히, 천천히
포기하지 않겠다는 단어 되뇌며
느릿느릿 도착한 보금자리

햇빛 붉게 물들이는 산 너머로
기어오르는 모습 바라보니

일생을 물과 땅속에서 겨울을 나고
후대를 이어 가기 위해
안간힘을 다하는 생명체 헌신에
소중한 깨달음을 얻는다

민들레

강한 생명력으로
어디든지 터 잡아 집성촌을 이룬다

눈길 주지 않는 땅
맨홀 위에서도 샛노랗게 피어나
햇살 따라 방긋방긋

고개 들어 올려 길손에게 미소로 인사하고
언제나 뜨거운 빛깔로

밟히고 으깨어져도
새 생명으로 활짝 피어나
절망의 자리에 희망을 심는다

민들레, 민들레꽃
세계 어디를 가도 노랑 꽃물결
손짓하며 일으키는 앉은뱅이 꽃

반갑고 고맙다
관절에 특효, 맛난 나물로 사랑받는
민초들의 민들레

원두막

푸른 초원 별들이 소곤거리는 밤
평원에 우뚝한 원두막으로
여러분을 초대합니다
언제나 뒷모습은 파스텔 빛깔
둥근 낮달 소나무 가지에 걸어 놓고
반딧불이 마중 나가며
풀벌레 향연으로
청아하고 아름다운 가곡으로
노래하는 여치
날씬한 몸매의 개미 부부의 왈츠
아름다운 선율 속에서
현란한 무도회가 시작됩니다
매미의 찬란한 멜로디 웅성웅성
예쁘고 날씬하다고 자신만만한
살랑쟁이 나비들의 우아한 춤
생긋 미소 지으며 들린 잠자리
아기 날갯짓으로 하늘을 훔칩니다

백일홍

매일 오르내리면서
바라보는 화단

삼 층 베란다서 내려다보며
어머! 하고 터지는 미소

빨간 백일홍이
탐스럽게 웃고 있다

봄부터 피는 꽃을
능소화에 가려 보지 못했나

앞다퉈 피는 꽃바람에
함초롬히 자리 잡은 꽃

기다리는 줄 모르고 지내다가
백합 옆에서 웃고 있어 다행이다

어릴 적에 아버지께서 마당에
백일홍을 심으시며

엄마의 약나무라 하신 말씀
아직도 귀에 생생하다

꽃 친구

몽글몽글 다정하게
무리 지어 피어난 꽃들

까다로운 설란 속으로
몰래 침입한 채송화

주제 모르고 담 넘어오며
소유권까지 가지려 한다

다섯 그루에 한 자리씩 내줘
빨강 노란색으로 점령하고

잘했다고 옆집까지 넘보며
변죽을 치며 슬쩍 다가든다

부용화

자주색 꽃 하얀 꽃
부드럽고 비단 같은 느낌을 주며
햇살 따라 변하는 꽃

중앙의 진한 붉은 점은 매력덩어리
여름부터 초가을까지
갖가지 빛깔로 피고 지는 두해살이

화사한 미소 지으며 길손마다 눈인사
순결한 꽃잎 하늘하늘 손짓으로
고고하고 당당한 존재감 몰래 감추고

없는 듯 잊은 듯 비바람에도
꺾이지 않는 청순함
행운은 반드시 온다는 믿음의 부용화

매운맛에 독성이 없어 올라간 혈압도 내리고
당뇨도 떨어뜨린다는 신비의 묘약

매혹적이며 정숙한 여인으로 뜨거운 열정 풍기는 꽃
화사함에 눈길 빼앗겨 걸음 멈춘다

찔레꽃

담 너머로 핀
하얀빛 핑크빛 찔레
종일토록 향기 풍기며
누군가를 기다린다

얼굴 맞대고 싱글벙글
초록 잎 사이로 몰래 숨겨 놓은
하얗게 질린 입술에
핑크빛 립스틱 바르고

불같이 뜨거운 한낮에는
절정의 향기 활활 불태우며
스치는 바람결에 코끝이 찡한 꽃

향기에 취하여
요염한 유혹을 어쩌지 못하고
고고한 자태 바라보면

길손들의 애간장 녹는 소리
고샅을 채워 밤까지 밝힌다

매미

땅속 깊이 오랜 시간 견디고
사랑 찾아 밤낮을 울어대며
목숨까지 내던진 진정으로
무더위의 새로운 변신
단 한 번의 사랑을 위하여
모든 것을 바친다
구슬픈 노래로 배롱나무 울리는
눈물의 붉은 하소연
애틋하고 구슬퍼
밤이슬에 피눈물이 되어도
가로등 불빛 낮으로 알고
부르짖어 만난 짝
모두 내려놓고 가야 할 길을
여름의 등짐으로 사는 매미의 삶
땡볕에 화톳불 인다

빅토리아연꽃

물만 출렁이는 빈 그릇

진흙에 거대한 뿌리를 내려
오염된 세상을 정화시켜 빛내고

웅장한 잎으로 아름다움을 뽐내며
순결하고 고결한 사랑 담아
온화하게 퍼지는 향기로 남는다

물 위에서 버려지는 꽃을
빅토리여왕이 예쁘고 색깔이 아름다워
빅토리아연꽃이라 이름 지어 불렀다지

모두에게 사랑받으며 널리 퍼져
다양하고 쓰임새도 많아
입부터 뿌리까지 버릴 것이 없는 꽃

물속에서 살짝 얼굴 내민 수련과
물 밖으로 한껏 키를 키운 연꽃이
서로 견주며 농사짓는 연못
하늘도 내려와 꽃봉오리에 앉는다

여름꽃

짙푸른 초원에 온갖 꽃들
오색 반란 일으킨다
무리 지어 피어나는 원추리
밤마다 마중 나오는 달맞이
방글방글 금계국
상큼 발랄 도라지
보랏빛 몽우리 엉겅퀴
기다렸다는 듯이
여기저기 더위를 뚫고
몽글거리며 뽐내는 웃음들
들녘 바람과 햇살 속에
강렬하고 아름다운 빛깔들
진한만큼 순결하다
거대하게 감춰진 순수의 절정
뜨거울수록 더 찬란하게 피어
계절의 요람을 펼친다

보리수

담장 밑 보리수나무 덩그러니
화사한 단꿈에 젖었다

겨우내 꼼짝없이 바람에 갇혔다가
가지마다 짓는 미소
발길 따라 찾아와 통꽃으로 피어나며

네 갈래로 갈라진 하얀 꽃들
덩어리져 피어나고 가지 끝에
보리수 맺히기 시작하면
새들도 쉼 없이 날아들어
악보 없는 합창을 한다

하얗다, 파랗다, 노랗다, 빨갛다, 까맣다
세콤, 달콤, 떨떠름 몸에 좋은 건강 열매

오감이 만족해하는 뜰보리수
복을 부르는 오방색으로
뜨락에 가득 채운다
집안의 화목 동네 화합으로
풍요롭게 피어나는 행운의 나무

모감주나무

황금색으로 초록 혈관을 타고
전신으로 흐른다
사랑받기 위해 태어난 모감주나무
파란 물결 넘실거리는 바람 끝에
살포시 고개 내미는 작은 꽃잎들

나는 누구일까요
헝클어진 머리부터 발끝까지
관심으로 춤추는 나무
정원수의 최고
근심 없게 하고 좋은 기운을 준다는 입소문일까
꽃이 지면 열매는 검정빛으로
장식품으로 식용으로 각광
이름도 많아 염주나무 비수나무
노화방지 진통제 역할도 척척
쓰임새가 많아 더욱 환영을 받으며
아픔이 적지 않아 상처도 많은데
하늘의 꽃은 태양 사람의 꽃은 사랑이라며
용서와 기쁨이라니
모감주는 사랑의 꽃으로
만인을 이롭게 하는 아가페가 된다

제인폭포

황금빛 들녘 넘실대는 물결 따라
평화로운 가로수 춤추는 들꽃 길
맑은 가락 물소리
쪽빛 아래 쏟아지는 청량함
굽이굽이마다 돌을 굴리는 물줄기
힘차게 줄다리기한다
전설 따라 때때로 갈아 치운 화염강
누가 저렇게 오밀조밀 만들었나
바윗돌 틈새마다
억겁의 세월 흘러나온 주상절리
끝없는 침묵 속에 슬픈 몸부림
힘겨운 듯 떨어지는 폭포
감탄의 통곡 눈물 되어
큰 강물 넘어 바위틈마다 서린 한
물줄기보다 더 단단한 폭포의 눈물
누가 대신 울어 줄까
매일 탄식하는 한탄의 울음소리
수만 대 자연 그대로
우리의 자산 문화유산
멋지게 보존하고 지켜야겠다

귀뚜라미

숨 막히는 불볕 속에서도
숲의 전령사로 귓속에 맴도는
매미의 우렁찬 찬사
조석으로 불어오는 바람결에
슬그머니 계절의 신호에 물러가고
하늘 색깔에 아름다운 가곡
귀뚜라미 방송
새로운 디제이 오페라가수
몸은 검고 작으며 길쭉한 더듬이 달고
수컷이 이를 비벼 내는 소리는
울음인가 노래인가
연주를 암컷에게 바치며
계절을 노래하는 귀뚜라미
그 소리 들으면
차분하기도 하고 쓸쓸하기도 하여
계절의 배경과 이어진다
어린 시절 시골집 마당
평상에서 가족과 이야기꽃 피웠던
계절의 풍성함이 그립다

담장 너머 앵두꽃

태양의 바퀴는 돌고 돌아
꽃 피고 새 우는 봄이 왔다
꽃비는 머리에도 차도에도 흩날린다
별빛이 쏟아지듯
눈과 함께 실려 오는 바람꽃
소복이 쌓인 꽃 속에
살포시 날아든 나비같이
먹이 찾아온 비둘기에 놀라
마냥 솟구쳐 날아오른다
담장 너머 손짓하는 앵두꽃
세 잎 네 잎으로 핀 꽃술 중앙에
아주 작은 생명의 씨앗이
초록에서 노랑으로 빨갛게
둥근 보름달처럼 매달린다
상큼하고 달보드레하게 다가올
그날을 가다리며

〈해설〉

감각을 초월한 물질과 언어를 교환하는 시 쓰기

〈해설〉

감각을 초월한 물질과 언어를 교환하는 시 쓰기

이오장(시인, 문학평론가)

 볼 수 있고 들을 수 있으며 느낄 수 있는 사물의 영역에서는 영적 직감의 영상이 상대적으로 쉽게 드러날 수 있다. 어떤 대상이 일정한 장소에 있는지 혹은 이동하는 것인지를 먼저 밝히는 것이 우선순위이고 그것에 따라 언어의 전개가 시작된다. 꽃을 보고 붉은 꽃송이 푸른 꽃송이를 피웠는지에 대해 묻는다면 대답은 분명하다. 색깔의 구별을, 있는 그대로 대답하게 되고, 감각적인 눈빛은 색상에 의해 다시 확인하게 된다. 구분을 확인한 뒤에는 느낌을 말하게 되는데 이때부터 언어의 작용은 시작된다. 일반적으로는 확인한 모습 그대로를 대답하지만, 시인에게 묻는다면 그 대답은 여러 가지다. 자신의 감정을 이입하여 붉음을 검정으로 푸름을 붉음으로 대답하는 변형이 생긴다. 감각적인 지각에 의해서 쓰고자 하는 사물의 현실을 자신에게 맞춘다. 이것은 거짓이 아니라 변형의 이미지를 만들려고 하는 의도가 있기 때문이다. 대부분의 시인들이 여기에 속한다.

김명원은 사물과 부딪히고 느낀 지각을 언제나 있는 그대로를 참된 문장으로 만들어 가는 시인이다. 한마디로 물질과 언어를, 있는 그대로 표현하는 시 쓰기라고 할 수 있다. 주어지거나 갖춰지는 성질을 초월하는 해석이 아니라 있는 그대로가 신뢰적이라는 사실을 의미한다. 그러나 지각은 언제나 이미 어떤 새것에 의해서 유도되며 종종 거짓이 되고 표면적인 이해에 의해서 잘못 유도되기도 하지만, 그런 이유로 사물에서 얻어지는 이미지를 시로 옮겨 쓰기는 참으로 어렵다. 이것을 극복해 가는 과정은 삶의 과정에서 나온다. 시인에겐 인생 후반부에 도달하여 현재와 과거를 보는 눈이 성찰의 길을 찾게 한다. 혼자만의 상상이 아닌 공유의 상상, 즉 이미지가 되는 언어 구사력을 갖추기 위한 노력이 보인다. 그렇지만 모든 사물이 눈으로 보고 결정하는 것은 아니다. 특히 가시적인 사물의 영역 역시 그러하다. 어떤 사물에서 느낀 감정을 언어의 구상에 맞게 작동하고 있는지는 처음부터 알 수는 없다.

  시인은 그것을 조금씩 시험해 나간다. 그렇게 실용주의적 진리 개념의 정당성을 가지고 진리의 개념을 가장 단순한 형식으로 풀어 간다. 또한 어떤 행동의 결과에서 이뤄진 수요의 정당성을 가지고 있다. 진리의 개념은 사물에 적용하는 수공업적이고 그 분야에 기초하고 있는 목적과 수단의 합리적인 관계가 이뤄진다. 그 영역을 넘어서서 좀 더 보편적이고 필연적인 의미의 언어를 찾아내고 진리 개념을 작품 전체에 적용시키려는 목적으로 합당한 이유를 첨부해 나갈 수도 있겠지만, 이러한 방식에서 시인은 진리의 개념이 전적으로 사라져 버린다는 것을 내포한 것으로 보인다. 이것은 확연한 이미지만을 구축하여 풀어내고 있기 때문이다. 체험의 진리 안에서 현실의 냉혹함을 많이 겪은 체험적인 진리가 한 편의 작품을 쓸 때마다 참이라는 명제를 나타내고 있기 때문이다. 따라서 정신적인 진리라는 체험이 풍부해야 실용주의적인 진리를 작품으로 그려낼 수 있다.

1. 다양한 현상을 파악하고 정리하는 이해 과정 수행하기

김명원 시인의 작품은 정신세계에 대한 문을 열어 주고 현상을 바라보는 각도와 그것들을 사상적으로 파악하는 방향과 정신적으로 지배하는 방법을 비켜, 단순한 현상의 자극을 파악하고 정리하는 이해 과정을 보편적으로 수행해 나간다.

시를 통해서 시인은 삶의 세계를 이해하게 되고 자신의 위치를 찾는다. 결국 시인이 시를 쓴다는 것은 타고난 천성의 발로에 의해서 시작하며, 언어를 사용하는 방법을 확연히 보여 주는 것으로 시작되지만, 사람됨과 언어 공동체를 위하여 커다란 의미를 갖는 작업은 때로 장벽에 부딪히게 되고, 그것을 뛰어넘는 방법을 사물에서 찾아내기란 쉽지가 않다. 시인이 말을 한다는 사실, 즉 언어의 소유는 당연히 개인의 삶과 역사를 위해서 더 큰 의의가 있으므로 그 언어를 통해 예술을 이루는 시 쓰기는 언어 습득이 일

반인과 다를 수밖에 없다. 언어 습득이 완전한 것으로 종결할 수 없으므로 언어 소유도 일정한 고정적인 형식을 벗어나야 한다는 사실을 알고 있어야 한다.

기고만장했던 여름
결국 가을에게 자리를 넘겨준다

파릇파릇 풀 밟으며 걷는
봄놀이보다
서늘한 길은 상쾌하고

고즈넉하게 피어나는 신작로
코스모스와 풀꽃 비단풀과 함께
성큼성큼 걷는 게 좋다

하늘 높이 유영하는 고추잠자리
바람 따라 춤추는 보랏빛 맥문동
꿈같은 생동감 안겨 주는
넓은 황금 들녘

시원한 샘물 같은 신선함이
살아 있다는 걸 확인해 준다

들판을 외로이 걷던 백로
춤을 추는지

내 발걸음에 놀랐는지
우연한 발길에 쫓겨
펼친 날개 들녘을 덮는다
― 「가을 산책」 전문 ―

계절의 걸음은 직선이다. 지구 생성 이래로 직선을 고집하는 건 흐름의 방향이 꺾이면 중력이 사라지기 때문이지만, 사람의 느낌은 직선을 벗어나 곡선과 사선 그리고 원을 그리기도 한다. 어떤 때는 제자리에 멈춰 방향을 잃기도 하는데 그런 이유는 정신의 중심이 눈에서 육체로 가기 전에 뇌의 제한을 받기 때문이다. 자신이 원하는 것을 얻지 못한다거나 빼앗겼을 때 혹은 친인을 잃고 방황할 때는 계절의 직선을 무시하고 곡선을 그린다. 우주의 질서를 파괴하려는 게 아니라 자신의 위치에서 우주의 속도를 늦춰보려는 갈망이 존재하기 때문이다. 이럴 때 느긋한 기분으로 한가로이 거니는 것은 곡선을 그리려는 다급함을 해소시키는 일이다. 김명원 시인은 산책의 기회를 가을로 정하고 계절의 흐름을 살핀다. 아무리 봐도 직선이다. 봄놀이 했을 때가 어제 같은데 파릇했던 잎들은 벌써 단풍이 들어 코스모스를 앞세워 생동의 시절을 풍요의 시절로 바꾼다. 산책을 하며 비로소 살아 있다는 사실을 확인하고 자연의 모든 것들과 합일을 이룬다. 자연의 움직임과 거기에 순응하는 식물과 동물을 보면서 자신의 위치를 찾은 것이다. 왜 계절은 서두르고 사람은 따라가지 못하는 것일까. 의문보다는 자연의 섭리에 따르는 자연주의적인 작품을 펼친다.

아카시아꽃 활짝 피어 반겨 주는 산길
심심산골 도라지 환영하듯이
고개를 도리도리한다
들에는 갖가지 빛깔로 미소 짓는 장미
가로수 길 포플러나무 아래
코스모스 대신 노랑 금계국 하늘거리고
고개 내민 복분자 가시 돋친 잎 사이
벌 부르는 꽃들의 환희
산에 들에 꽃 잔치하는 발길에
바람도 친구 하자 다가온다
뻐꾹새는 뻐뻐 뻐꾹
무슨 사연이 저리 많은지
꽃 피고 새 우는 고향 떠난 친구들
찾아오라는 말일까
손짓하는 바람만 꽃구름 헤쳐 가며
장난치듯 이리저리 봄을 색칠한다
- 「꽃 무리 잔치」 전문 -

동시는 어른이 어린 시절의 추억이나 현상을 떠올리며 어린이의 마음으로 쓴 시를 말한다. 어른이 되어 동심을 갖고 동시를 쓴다는 것은 그래서 어렵다. 천부적인 순수함이 강해야 하고, 그만큼의 시야가 있어야 한다. 이 작품은 동시는 아니다. 동심의 순수성을 지닌 그야말로 순수의 서정시다. 김명원 시인은 어린이의 순수성을 지닌 크나큰 어른이다. 그런 어른이 동시적인 작품을 쓴다는 것은 정신의 전체가 거울처럼 맑다는 뜻이다. 아카시아꽃이 핀 길, 심심산골 도라지를 환영하듯 도리도리 고개를 젓는 도라지꽃의 비밀이 풀리는 순간을 잡아내는 순수, 갖가지 미소로 맞아 주는 가을 장미의 열정, 가로수를 일으켜 세우는 포플러나무의 위용, 가시 돋친 나무에 주렁주렁 매달린 복분자의 황홀한 빛깔과 가을 들판을 묘사하는 동심은 바람도 친구로 삼고 늦은 계절의 끝을 잡고 있는 뻐꾸기의 사연까지 품는다. 그리고 반전을 일으킨다. 그러한 모든 정경들은 결국 고향을 그리는 향수의 정감으로 피어나 어렸을 때 친구를 부르고 고향의 풍경을 그린다. 하지만 무심한 바람은 그대를 전부 앗아갔다. 이제는 먼 타향에서 고향을 그리는 떠돌이가 되어 메아리만 남은 향수에 장난치듯 이리저리 색칠할 뿐이다.

채워도 채워지지 않는
바람과 숲의 숨결
어디선가 들려오는 휘파람 소리에
꽃잎에 맺힌 은이슬이 뚝 떨어지고

실하게 뿌리 내린 붓꽃에
먹물 대신 청아한 아침이슬 적셔
스케치하듯 넓은 초원을
한 점 구름 조각 만들어
흘러가는 물결로 다듬어 놓으니

달밤에 노닐던 사슴과 고라니
춤추는 그림자 푸름 짙은
오월의 꽃잎에 냉큼 올라앉는다

붉게 달아오른
수만 개의 불 지펴 놓은 꽃밭에서
하염없이 날려 보낸 꽃잎들
오동통한 보랏빛 사연 엿보다
하늘다리 위를 바라보면
자연은 말없이 모두 품어 주고 있다
- 「공간」 전문 -

세상에 공간은 없다. 보이지 않는 무엇인가는 꽉 채워지고 이동을 위하여 팽창한다. 바람의 원리는 이동이다. 많이 넘치는 곳에서 없는 자리를 찾아가는 바람은 그래서 구원이다. 그러나 보이지 않는다. 오로지 힘에 의한 이동을 느낄 수 있으며 때로는 너무 커 피해를 입는다. 사람은 자신의 부피보다 큰 무게를 지니지만, 그 무게보다 큰 것이 존재한다. 바로 정신이다. 정신은 바람처럼 보이지 않으나 행동으로 보여 주게 되고, 공간을 차지하는 질량이 자신의 몇 배인지는 가늠하지도 못한다. 그래서 정신을 공간이라고도 한다. 비워진 공간이 아닌 채워진 공간이 사람의 정신이다. 김명원 시인은 공감의 크기가 타인보다 크다. 자연과 일치하는 크기를 가졌다. 이 시는 공간의 크기를 말하지 않는다. 하지만 자연의 모든 것을 아우르는 포용력으로 크기를 알려 준다. 채워도 채워지지 않는 바람 부는 숲의 숨결에서 한 방울 뚝 떨어지는 이슬방울의 소리가 아침을 깨우고 널따란 초원을 넘어 지평선에 피어나는 구름이 온갖 형상으로 자연을 보여 주는 장면에 평화로운 사슴과 고라니가 뛰노는 장면은 꿈의 형상이다. 사람이 원하는 가장 큰 이상향을 그려 준다. 생각처럼 매운맛을 지닌 단단한 가슴에 수만 개의 불꽃이 작열하는 화염, 살아오며 지닌 모든 사연들이 한순간에 스쳐 가고 오동통한 보랏빛 사연보다 짙은 자연의 빛이 시인을 황홀하게 몰고 가지만, 모든 것을 저장할 공간은 오직 자연에만 있어 자연을 따를 수밖에 없는 인간의 한계를 그렸다.

2. 살아 있는 정신에 동참하는 역사적인 존재의 형성

시인의 언어는 풍부함을 지닌 생동적인 언어다. 퇴영적인 침잠을 배제하고 언어의 소유를 통해서 전부 다르게 표현한다. 이것은 개인적인 성품이나 인격이 체험의 다름에서 참다운 현실을 진솔하게 표현하는 말이다. 시인이 갖고 있는 언어에 따라서 정신적이고 문화적인 성과와 위치가 정해지는데 시인 정신은 시간이 흘러도 변하지 않으므로 사용한 언어가 인간의 삶과 개인의 성과를 넘어 역사적이고 사회적인 언어가 되어 언어공동체를 벗어나지 않는다. 이것은 언어의 소유는 살아 있는 정신에 동참하는 것이며, 역사적인 존재가 형성된다는 뜻이다. 자신이 지닌 언어 속에 자연적이고 현실적인 체험을 담아내는 선험적인 정신으로 시를 쓴다. 기계적으로 되풀이되거나 멈추는 것이 아니고, 끊임없는 확장력을 가지고 앞으로 나간다. 그러나 논리적이고 철학적으로 앞서가는 것이 아니라 관찰되지 않을 만큼 포괄성을 가지는 것이다.

연못가 발길 옮기다가 눈에 띈 팻말
산란하러 나온 거북이를 보호하라는
글을 본 순간
발 앞에서 꼼지락거리는 물체
어린아이 주먹만 한 거북이다

그대로 넘어질 뻔했다
몇 번을 되새겨 보며 웃음이 났다
처음 길이었다면
와장창 빗나갈 뻔도 한데
참 다행이다

노을 한 점 찾아가는 길에
방지턱마저 감수하며
힘들게 온몸을 다해 오른다

뒹굴고 다시 오르고 힘겨운 사투에도
천천히, 천천히
포기하지 않겠다는 단어 되뇌며
느릿느릿 도착한 보금자리

햇빛 붉게 물들이는 산 너머로
기어오르는 모습 바라보니

일생을 물과 땅속에서 겨울을 나고
후대를 이어 가기 위해
안간힘을 다하는 생명체 헌신에
소중한 깨달음을 얻는다
　　　　－「보라매공원」 전문 －

　자연은 사람에게 모든 것을 주지만, 전부를 빼앗아 가기도 한다. 자연스럽다는 자연과 함께한다는 뜻이다. 그러므로 자연을 무시한다면 자연스럽지 못하니, 자연을 보호하자는 캠페인이 벌어지고 저마다 보호하려고 노력한다. 공원은 휴식이나 자연을 보호하기 위하여 지정한 녹지공간을 말한다. 자연을 떠나온 사람들이 자연과 함께하기 위한 터, 그곳에는 자연스러운 녹지가 형성되고, 온갖 동식물이 살아간다. 김명원 시인은 서울 도심의 대표적인 공원 보라매에서 자연보호 팻말을 읽고 조심하는 자세를 가졌지만, 보이지 않는 새끼 거북의 출현에 호들갑을 떤다. 일종의 경종이다. 작품에 경각심을 주기 위한 행동으로 자연에 사는 거북의 생태와 사람의 관계를 연결하여 보호의 능력을 발휘하였다. 이것이 살아 있는 역사 정신에 동참하는 역사의 존재다. 알고 있으나 실행하지 못하는 사람의 이기심을 고발하고, 자연을 벗어난 사람의 종말을 예견하는 표현으로 생명체의 헌신적인 노력을 부각한다.

눈만 돌리면 꽃
나무가 모여 숲이 되고
미소가 모여 웃음꽃이 피고
기쁨이 모여 행복이 배가 된다

너와 내가 모여 우리가 되듯이
작은 것이 모여 큰 것이 되고
작은 것에서 큰 행복을 찾아
소중한 여유를 즐기고
병아리꽃 웃음 피우는 가족들이
가침박달꽃처럼 풍성하게 차려진 먹거리에
목멜까 봐
노랑 고로쇠 꽃물이
봄날의 하루를 짜내며 젊음을 불태운다

생명의 영혼들 엮어 마음껏 사랑하며
저마다 형형색색 아름드리 뽐내는 자태
청명한 날씨가 시샘하듯
나무들을 붙잡고 마구 흔들어댄다

다정하고 행복한 봄날
계절이 그렇게 웃음꽃으로 물들어 간다
　　　　- 「미소가 모여 웃음꽃 핀다」 전문 -

"티끌 모아 태산이 된다."라는 말은, 모으면 커지는 것을 말한다. 물리적인 진실이지만, 사람이 떠올리는 형상은 말의 담을 넘어 상상의 세계를 만든다. 모이는 것을 생각해 보면 가족, 사회, 자치회, 국가를 떠올리지만, 개인적인 모임은 너와 나다. 물질적으로는 재산이 있고 정신적으로는 정과 사랑이 있다. 사람은 이같이 모이는 것으로 집합을 이뤄 단체를 조성하고, 정을 나누며 살아가는 존재다. 초자연적인 정신은 모임에서 나오고, 그 힘이 결합하여 삶을 이루는 기반을 만든다. 그러나 모든 것은 정신에서 나오는 힘이 전부다. 정신이 없다면 감흥이 없으므로 나 아닌 타인은 존재하지 못한다. 이 같은 모든 정신의 표현은 웃음이다. 김명원 시인은 이 점을 간과하지 않았다.

웃음이 삶을 키우는 기초이며, 정신의 모습이라는 것을 이해한다. 행복은 정신적인 감정인데 웃음이 없다면 무엇으로 증명할까. 시작은 미소다. 티끌이 모여 태산이 되듯 작은 미소가 모여 함박웃음이 되고, 행복은 배가 되는 것이다. 너와 내가 모여 우리가 되고, 작은 것이 모여 큰 것이 되며, 그 웃음은 가족과 사회의 평화를 이루는 기초라 생각하는 시인은 생명의 영혼을 사랑하며, 저마다 뽐내는 모든 것들의 행복을 기원하는 순수함을 지녔다. 다정하고 행복한 봄날의 기온으로 우리 모두 미소를 모아 크게 웃는 행복을 누리자는 사랑의 표현이다.

밤하늘 비추는 조각달
뭉게구름과 붉은 고명 섞어서
반으로 접어 입을 맞춘다

눈썹 가느다란 둥근 길 따라
만들어 낸 오작교 가까이
숨소리 들려올 것 같은 날
벌어진 틈 사이로 새날이 걸어온다

벽 허물고 함께
뜨거운 열정 속에서
숨 고르며 인내와 끈기로
하나가 되어 가는 삶의 여유라

굳어지지도 꺾이지도 않으며
그 길을 함께하는 걸음
끝까지 틈 없이 가는 길이지

이몽룡의 약속은 어김없었고
춘향이의 기다림은 변함없었어도
변학도 오욕은 채찍으로 끝났다
- 「시룻번」 전문 -

하나가 된다는 것은 떨어진 것을 무엇인가로 접합하는 일이다. 물질은 용접하든가 아니면 접착제로 붙여 하나로 만든다. 정신은 마음의 크기로 하나가 될 수 있으나 언제든지 떨어질 확률이 높다. 그러므로 정신적 하나는 사랑이라 할지라도 끝을 보장하지 못한다. 그렇지만 사랑은 끝을 모른 채로 하나를 지향하는 것으로 시작한다. 우리 사회는 그러한 것이 수두룩하다. 하나였다가 떨어진 것과 둘이 하나로 되는 것은 다르다. 오히려 하나였다가 떨어진 것이 다시 하나가 되기는 힘들다. 둘이었다가 하나가 된다면 떨어질 확률이 낮지만, 그것조차 조마조마하다.

 시룻번은 떡시루와 솥의 접합부를 하나로 붙이는 점성이 강한 쌀가루나 밀가루로 만든 곡식 접합제다. 어느 한 곳에서 김이 새어 나오면 떡이 설기 때문인데 이것을 방지하는 역할이 시룻번이다. 시인은 시룻번의 사용처를 떡시루에 한하지 않고 삶의 전부에 접목시키는 표현으로 작품을 썼다. 밤하늘의 달과 뭉게구름을 붙이고 견우직녀가 만나는 오작교를 놓는데 시룻번이 동원된다. 자연교합으로 모든 것을 하나로 만드는 과정을 그려 사람의 감정을 하나로 만들어 간다. '함께'라는 열정 속에서 인내와 끈기로 통합을 이루는 길을 제시한다. 그것이 틈이 없는 밀착의 사회 구현이다. 그런 약속의 틀에서 사랑은 이뤄지고, 사회가 앞으로 간다는 의미를 전달한다. 이몽룡과 춘향이의 사랑으로 이것을 증명하며 변학도의 어깃장 짓을 통렬하게 꾸짖어 올바른 정의를 세운다.

3. 사물에 대한 이해를 규정하고 감각에 영향을 주는 시 쓰기

 김명원 시인은 사물을 파악하는 이해력이 있다. 그 사물에 대한 이해를 규정하고 다시 그 사물에 대한 감각에 영향을 줘 독자들이 이해하게 한다. 무지개의 일곱 색깔이 일곱 가지로 보이는 것은 일곱이라는 말의 정의가 사람의 감각에 영향을 미치기 때문인데, 사물에 대한 이해도 색깔의 구별을 넘어 색깔이 품고 있는 사람의 감정을 그대로 발현시킨다. 시인의 언어는 이성 기관으로서 사유를 이끌어 갈 뿐만 아니라 감성적인 지각에도 작용한다. 그러므로 시인의 이해 세계는 사실에 있어서 언어를 통해 구성된다. 객관적인 세계를 직접 인식하는 게 아니고 언어를 통해서 인식하고 사물의 본질이나 형상을 그대로 드러내기도 하고 새로운 이미지를 형성한다. 언어가 보여 주는 그대로의 세계를 이해하고 객관적인 세계를 재창조해서 정신적인 이해 세계를 이룩하는 것이다. 언어를 단순히 객관적인 자연 현상을 사진 찍듯이 찍는 것이 아니라 언어 그 자체가 이미 그것을 표현하는 자연현상에 대한 해석이며, 현실을 묘사하며 재창조해 나간다.

온갖 수목이 우거진 그대 뜨락엔
그윽한 햇살 향기 날리지요

붉게 타오른 사랑님의 가슴엔
몇 개의 계절이 숨겨 있을까요

아침마다 새로운 언어로
그대 이름을 부르고

부를 때마다 임의 향기는

자취 없이 칸칸이 쌓여 가는데

풀리지 않는 수수께끼는
무엇을 의미하는 것입니까

몰래 찾아온 바람 아무도 모르게
일어나 안으로 치닫더니

벌 나비처럼 살지 못하고
끝내 소리 없는 이슬비에

햇살로 녹아내린 시간 속으로
흠모하는 마음으로 이룩합니다
- 『임의 뜨락』 전문 -

실생활에 의한 만남으로 이뤄진 모든 인연은 그대라는 총칭으로 불린다. 여기에는 애인이나 부부간, 혹은 친구나 이웃까지 모든 상대가 해당되는 높임말이다. 이 시는 모든 그대들을 위한 헌시라고도 할 수가 있고, 개인적인 흠모의 대상에게 보내는 메시지라고도 할 수 있다. 사람이 수명을 다하는 순간까지 사랑의 대상을 보듬을 수는 없으나 깊이 있는 삶의 성찰로 얻어진 대상은 죽음의 순간에도 나와 동일하다. 바로 부부간의 지극한 정이다. 시인은 죽음의 순간에도 잊을 수 없는 그대를 대상으로 만인 공통의 언어를 동원하였다.

자연 현상의 햇살과 햇빛으로 이뤄진 수풀의 아름다운 묘사에 얹혀 그대의 형상을 그리고 이를 불러보며 환상에 빠진다. 그 향기에 취하여 반복하여 부르는 이름은 여기에 없으나 체온을 느낄 만큼의 거리에서 피부에 부딪히는 실체감을 갖는다. 이것은 풀리지 않는 수수께끼다. 옆에 없는데 함께 있는 착각은 누가 만든 것인가. 환상적으로 그대를 부르고 생시의 모습을 재현하게 하는 건 시인이지만, 그대는 옆에 없는 정감의 존재다. 벌 나비처럼 그렇게 살지 못하고 끝내 소리 없는 이슬비 속으로 사라진 임, 햇살로 녹아내린 여백의 자리는 그리움의 가지로 가득 채워져 다시 울음으로 적시는 사랑의 신호, 시인의 임의 뜨락은 상상이 아닌 실제의 모습으로 독자를 만나 함께 즐기고 함께 우는 현상을 만든다.

솔바람 향긋하게 묻어나고
산새 소리 시냇물 소리
바람에 나뭇잎 휘날리는
신비로움으로 가득한 산야

푸른 삶을 꿈꾸는 숲의 요정처럼
새 부리 닮은 작은 잎이 만들어 가는
짙푸름 더할 나위 없는 소나무

푸른 이끼가 몸뚱이를 감싸도
묵묵히 제자리를 지키는 푸름으로

산등성이를 가꾸는 아름드리나무

바람 불면 나뭇잎 나부끼며
술렁이는 소리로 새를 부르고
모진 바람에 울다, 울다가
흔들리다 꺾이고
땅바닥에 나뒹굴고 만다

특별히 돌봄 없이 잘 자란 나무는
대목으로 쓰고
못난 나무는 산을 지킨다고
나무와 대화하며 웃다가
맑고 시원한 향기에 또 웃는다
편함을 주는 친구 같은 느낌으로
걸음을 이끌어 향기 나는 음성 들으며
저무는 계절을 뚫고 달린다
- 「산지기 소나무」 전문 -

"못난 나무가 산을 지키고 못난 자식이 효도한다."라는 말이 있다. 크고 굵은 나무는 베어져 집을 짓는 데 사용되고 못난 나무는 쓸모가 없어 산을 지킨다는 말이지만, 여운이 크게 남는 말이다. 또한 집안의 자식들도 공부하여 출세하면 떠나가서 부모가 늙었을 때는 공부하지 못한 못난 자식이 옆에서 돌봐 준다는 현실의 말이기도 하다. 자연 현상을 비교하여 삶의 단면을 보여 주는 예시적인 말이다. 시인의 눈은 이런 것을 놓치지 않는다. 소나무 향기는 무성한 나무와 다름없는데 작고 비틀어졌다는 이유로 끝까지 남아 산을 지키는 나무, 가만히 살펴보니 평평한 곳이 아니라 절벽이다. 흙이 없는 곳에서 어떻게 살아났을까. 사람이라면 하루도 못 살고 시들어 버렸을 자연의 힘에 감동할 수밖에 없다. 푸른 이끼는 몸 전체를 감싸고 이따금 찾아든 산새의 휴식처가 되어도 말없이 자리를 지키는 꿋꿋한 의지에서 시인이 읽은 것은 끈기와 절제다. 돌봐 주지 않아도 저렇게 자라난 힘은 오직 자연이 주는 것이지만, 굳센 의지가 없다면 가능하지 않다. 시인은 이런 현상을 보며 자신의 위치를 확인한다. 나도 저렇게 살았지 않은가. 산에 남은 못난 소나무처럼 그렇게 살아온 삶이 스스로에게 자랑스럽고 대견하다. 그래서 그 나무는 시인의 친구가 되고 걸음을 끌어 나가는 힘이 된다.

    세월의 바닷가로 바람을 물고 온 당신
    파도 위에 꽃을 피우듯
    정답게 걷는 추억의 길에서
    우리는 다시 만났다
    무한한 길 위에서 완전한 삶을 찾아
    헤매던 수 없는 기억과
    추억들이 가슴으로 되돌아오고

    굴곡진 세월의 길을 돌고 돌아
    각자의 시간에서

막힘없는 길을 열어 따스한 손 맞잡고
처음으로 돌아가는 길목에 서 있다

지난날 형형했던 눈빛도 이제는
세월에 잠긴 채
청춘의 날들을 되새김질하면서
진정한 삶의 여정을 빼앗아 간다

사시사철 맑은 주목 향기처럼
늘 그 자리에서 나목이 되어 주는 토담
정열적인 모습이 무척 아름답다

깊이 간직한 애달픔
당신과 나의 애틋함으로
두근대던 젊은 날의 어제와 오늘이 되어
매일 새로운 날을 맞이하는
그런 세상으로 가기를 간절히 원한다
　　　　　－「세월의 여정」전문 －

　흘러가는 시간은 누구도 막지 못한다. 그 시간 속에 든 사람의 운명은 시간과 함께하는 것이 아니라 시간에 밀리든가 아니면 쫓긴다. 그래서 누구에게 묻든 자신의 삶은 소설로 쓰면 백 권이 넘는다고 한다. 누구에게나 같은 대답이 오는 것은 시간의 흐름에 쫓기다가 자신의 위치를 잊고 뒤쫓아 가려는 의도를 보이기 때문이다. 이것을 정확하게 짚고 가는 사람은 없다. 자연대로 부모에게서 태어나 자라다가 남들이 하는 대로 시간이 가는 대로 그냥 따라가는 게 우리 인생이다. 한데 정신을 차리고 보면, 그게 아니었다고 한다. 자신의 길을 자신이 만들지 못하기 때문이다. 이렇게 살다 가는 게 인생인데 무엇을 바라고 무엇이 아쉬울까. 대부분 아쉬워하고 후회한다. 그러나 보람이 없는 게 아니다. 김명원 시인처럼 이런 행복감을 가진다면 무엇을 아쉬워하고 후회할 필요가 없다. 바람을 타고 온 당신은 추억의 바닷가에서 다시 만나 삶을 되돌아보며 삶이 무엇인지를 살핀다. 굴곡진 삶의 길에서 얼마나 많은 고난과 험난한 걸음을 걸었나. 이제야 알게 된 진정한 삶의 의미를 다시는 잃지 않겠다는 다짐과 남은 삶의 길은 그렇게 걷지 말자는 약속, 이것이 시인이 원하는 인생이다. 깊이 간직한 애달픔을 당신과 나의 애틋함으로 어제와 오늘이 되어 매일 새롭게 가겠다는 다짐은 이제부터는 어떤 일에도 흔들리지 않겠다는 결의다.

4. 사용의 형식에 의해서 제약된 언어를 풀어내기

김명원 시인의 내면적인 정서는 그것을 담을 말의 종류에 따라서 드러나고 의식되고 판단된다. 시인의 의식 생활에서 행동 방식은 언어 사용의 형식과 밀접하게 연결되어 있다. 합리적인 이성이나 건전한 상식에 의해서 판단이나 행동 방식이 결정되고 언어 사용의 형식에 의해서 제약되는 것을 풀어낸다. 이것은 시인 자신이 언어 습득의 장애를 가진다거나 언어 습득의 충분한 기회를 얻지 못한다면, 그러한 역할을 하지 못한다는 사실을 깊이 인식한 결과다. 일정한 부분을 넘어 모든 사물의 본질을 알아내고 심리적인 상태의 이해도를 충분하게 갖추고 새로운 이미지를 창출한다. 언어 사용의 형식이 외부적인 사물의 지각과 내면적인 경험의 판단과 태도를 결정하고 순수한 사유에도 작용하므로 다양한 현상의 감각적인 자극을 파악하여 정리하는 이행 과정을 정확하게 지킨다. 살아 있는 정신에 동참하는 역사적인 존재의 형성과 사물에 대한 이해를 규정하고 감각에 영향을 주는 시 쓰기는 감각을 초월한 물질과 언어를 교환하는 과정에서 이뤄진 언어의 집합이라고 할 수 있다.

김명원 시집
임의 뜨락

제1판 1쇄 발행 · 2025년 11월 10일

지은이 · 김명원
펴낸이 · 이석우
펴낸 곳 · 세종문화사
편집 주간 · 김영희

주소 · (03740)
　　　서울 서대문구 통일로 107-39, 222호
　　　E-mail: eds@kbnewsnet
전화 · (02)363-3345
팩스 · (02)363-9990

등록번호 · 제25100-1974-000001호
등록일 · 1974년 2월 1일

ISBN 978-89-7424-218-3　03810

값 13,000원